AF315410

Imp. L. Wolf
Rouen

CARICATURES
POLITIQUES

Collection
DE M. C.-D.

HOTEL DES VENTES
DE ROUEN
le 22 Mai 1914

Au bureau, chez Aubert, pass Véro Dodat.

Lith. Delaunois r d'e Bussy. 18

Gros Cupide, va !
(Grands S^t col de Coupide dans Vingt ans plus tard)

Caricatures Politiques

de Louis XVI à la Commune

Collection de M. C.-D.

(M. Louis Chanoine-Davranches,
1er président du Parlement de Rouen - + en 1911)

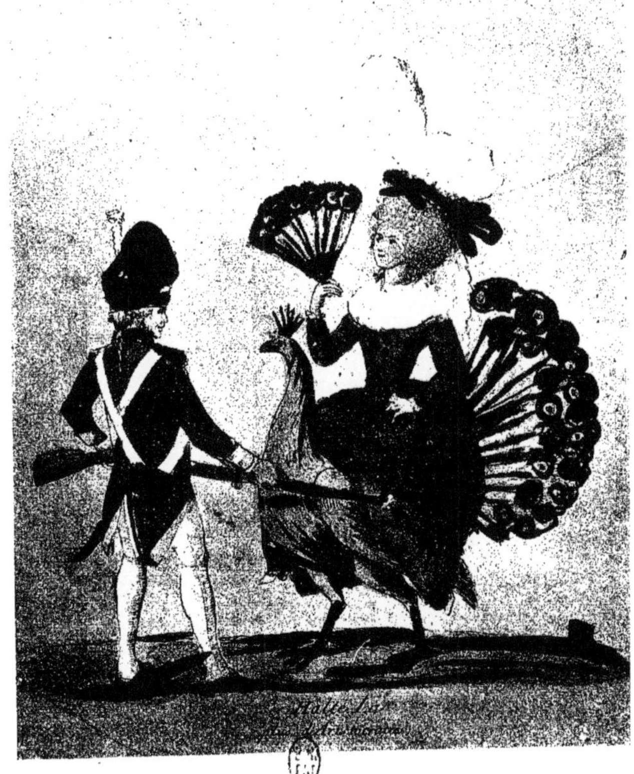

Caricatures Politiques de Louis XVI à la Commune

COLLECTION DE M. C.-D.

GRAVURES

LITHOGRAPHIES de : C. DE LASTEYRIE, LANGLUMÉ, MARTINET, ENGELMANN, DELANNOIS, etc., d'après les dessins de : H. DAUMIER, DECAMP, Henry MONNIER, BENJAMIN, GRANDVILLE, DEVERIA, TRAVIÈS, etc.

VIEILLES IMAGES — GRAVURES ANGLAISES

DESS. ? — JOURNAUX SATIRIQUES

HOTEL DES VENTES DE ROUEN, 46, rue Saint-Nicolas

(Premier Etage)

EXPOSITION : les 18-19-20 Mai, de 2 à 5 heures.

VENTE : les 22 et 23 Mai, à 2 heures

CONDITIONS

La vente sera faite au comptant.

Les adjudicataires paieront 10 °/₀ en sus des enchères.

Aucune réclamation ne sera admise une fois l'adjudication prononcée.

Le Commissaire-Priseur se réserve la faculté de réunir ou diviser les lots dans l'intérêt de la vente.

Il remplira les commissions des personnes empêchées d'y assister.

ORDRE DE LA VENTE :

22 Mai. . . . . Nᵒˢ 1 à 159

23 — . . . . Nᵒˢ 160 à la fin

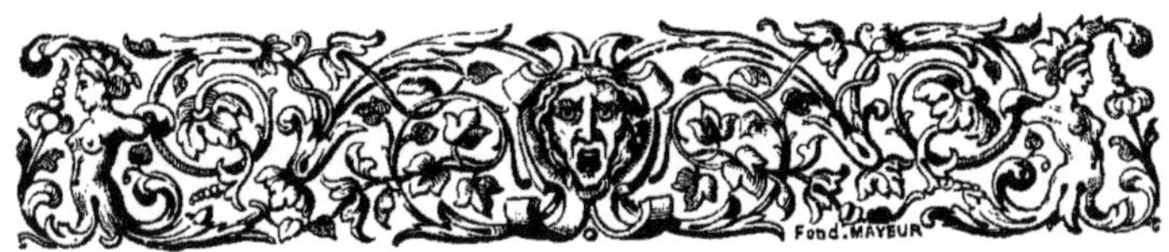

La caricature est chose ancienne.

On en rencontre des exemples chez divers peuples de l'Antiquité : Egyptiens, Grecs, Romains, etc. ; elle se manifeste dès lors par des dessins sur papyrus, des peintures murales et surtout par des sculptures, dont la coutume s'est perpétuée avec les « grotesques » de nos cathédrales gothiques.

Sans doute, en ces temps-là, la caricature était purement individuelle et n'existait pas à l'état d'institution, comme on peut dire qu'elle existe aujourd'hui. Son nom est d'ailleurs tiré d'une langue moderne, l'italien, dont le verbe caricare, *signifiant charger ou exagérer, a servi d'étymologie au vocable en usage de nos jours. Aussi bien c'est à Luther et à la Réforme que la caricature doit la virtualité considérable dont elle est maintenant armée. D'autre part, l'imprimerie, dont l'invention était récente, ne pouvait à ce moment que contribuer merveilleusement à la vulgarisation de la satire par l'image et la gravure.*

La collection offerte aujourd'hui aux amateurs, bien que ne datant pas de la Renaissance, remonte néanmoins à la fin du règne de Louis XVI et comprend de nombreux et intéressants documents sur l'époque révolutionnaire.

Les premières années du XIXe siècle voient ensuite apparaître la lithographie, et ce nouveau procédé de reproduction ne manque pas de faciliter à son tour la diffusion de la caricature.

Mais nous sommes sous l'Empire, et la rigueur du pouvoir, en même temps que les préoccupations militaires, limitent la verve des dessinateurs humoristes. Bientôt pourtant ils vont prendre leur revanche et s'entraîner alertement aux dépens de la Restauration et de la Monarchie de Juillet.

Impitoyables en effet sont, à ces heures, les lithographies du journal La Caricature : *Decamps, Granville, Henri Monnier et surtout Daumier, dont le crayon puissant poursuit sans pitié les ministres, les pairs et le roi lui-même.*

Cette partie de la collection est particulièrement riche ; en outre des auteurs précités, on y relève les signatures de Devéria, Traviès, Gavarni, etc.

A la suite, l'écroulement du second Empire et la Commune sont à leur tour abondamment et amusamment représentés par des pièces aussi drôles que bien choisies.

La collection comprend finalement des séries de feuilles carica-turales de Paris, de Rouen et du Havre, telles que : le Grelot, la Lorgnette, la Flèche, la Cloche d'Argent, la Revue Comique Normande, *etc., se rapportant aux événements et personnages des quarante dernières années qui viennent de s'écouler.*

Cet ensemble remarquable, réuni patiemment et longuement par un avisé collectionneur rouennais, M. C.-D., dont le goût et la sûreté artistiques sont bien connus, constitue une véritable et précieuse documentation sur l'histoire générale en même temps que sur celle plus spéciale de la caricature. Dans ces conditions, cette collection de haute valeur ne peut manquer d'attirer et retenir l'attention des connaisseurs et autres chercheurs de curio-sités.

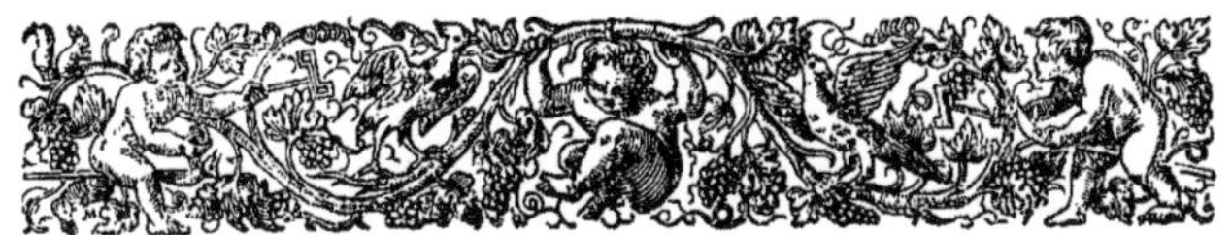

CARICATURES POLITIQUES

Louis XVI et la Révolution

19. — Bombardement des trônes de l'Europe. — Manifestation de la liberté, 2 gr. col.

20. — 6 pièces diverses, gr. au trait. — Dernières concessions de Louis XVI à la liberté, etc.

21. — Point de Convention, par Tresca. — Les Emigrés à Cologne, 2 gr.

22. — Caricatures de Cambacérès, d'Aigrefeuille et Villevieille, 2 pièces.

23. — Malo, gr. en noir.

24. — Exécution d'une sentence rendue par la milice bourgeoise, A. P. — Conquête de l'égalité, 2 gr. en noir.

25. — Triple accord. — Chasse à la grosse bête, etc., 4 p. en coul.

26. — Indigestion du diable, gr. col. — La marmite épuratoire des Jacobins, 1792, rep.

27. — L'ordre de la marche des puissances coalisées contre la France, gr. de J.-B. Louvois. — La Révolution Française, gr. de Duplessis.

28. — L'homme à deux figures (Barnave), 2 gr. au trait, rep.

29. — Deux gravures anglaises coloriées sur Louis XVI et les nouvelles taxes.

30. — Portrait de l'avocat de la République (M. Ersheire), lith. angl., 1793.

Premier Empire

31. — Bonaparte fuyant l'olive de la Paix pour suivre l'Ambition, gr. col. de Maleuvre. — La conscription.

32. — Général sans pareil, gr. col.

33. — Le roi de Rome passant la revue des troupes. — Gravure anglaise sur la campagne de France, 2 p. en coul.

34. — La vivandière, lith. col. de Maclet.

35. — Le bateleur (1810), gr. en coul.

36. — La médaille et son revers. — Le geai dépouillé des plumes du paon, etc., 3 gr. col.

37. — Le songe de Napoléon, gr. col. — Vision de St Jean, gr.

38. — Retour de l'île d'Elbe, gr. col. — La fin d'un procès, gr.

39. — Trois gravures en noir, allégories relatives à Bonaparte.

40. — Le volant, le sabot corse, etc., 4 gr.

41. — Portraits divers, 12 gr.

42. — Grande colère de John Bull lors de la prise des Antilles.

43. — Le 18 Brumaire, gr. col.

Restauration

44. — La Constitution, 20 février 1815.

45. — Portrait de Ney. — L'écarté politique. — Charlatans contre-révolutionnaires, 3 lith.

46. — Le Pair Eternel. — L'auteur-baromètre. — Les alliés, 3 lith. col.

47. — Partie de piquet des Jockos. — Cours de politesse, 2 lith. col.

48. — Restaurant du Bœuf-à-la-Mode. — Dinerai-je ?, 2 lith. col.

49. — Les politiques en discussion. — Ah ! fi donc ! — Qui se ressemble s'assemble. — Trois lurons. — Le partage en 1815 (caric.), 5 gr. col.

50. — Le cauchemar du missionnaire. — Conseil infernal, 2 lith. col.

51. — L'élection de l'abbé Grégoire en Isère, 1819, lith. col., rare.

52. — Le canon d'alarme. — La querelle des chats et des rats de cave. — Tourments de l'autre monde, de Félix Auvray, etc., 12 pièces diverses, noir et coul.

53. — La vue et le goût, 2 lith. d'Engelmann.

54. — La petite ménagère, 11 lith. de Langlumé, Martinet, etc.

55. — Le valétudinaire. HF. — Réveil de M. de la Jobardière. — Ménagerie nationale, 3 gr. col.

56. — Allégories à l'arrivée et au départ de Charles X, 2 gr. col.

57. — La chaste Suzette. — Réception d'une novice, 2 p. en coul.

58. — Famille de Scarabées, lith. Bruxelles. — 2 gr. col. de Grandville.

59. — Caricatures sur la liberté de la presse. — Le dîner diplomatique, etc., 3 lith. col.

60. — Les cornichons, 4 lith. noir et coul.

61. — Huit pièces en noir, caricatures sur Charles X.

62. — Charles X et la prise d'Alger. — Charles et son précepteur, etc., 5 lith. de Langlumé.

63. — Le tirant et diverses caric. sur Charles X, 5 p.

64. — L'abdication. — Le saut, etc., 4 lith. col.

65. — 18 pièces relatives aux derniers jours du règne de Charles X.

66. — 6 pièces, Chateaubriand, et caric. diverses.

67. — Caricatures théâtrales, 5 p. col.

68. — Caricatures sur la presse, 4 lith.

69. — Campagne d'Alger, 18 p. lith. col.

70. — Extraits du *Miroir*, 3 p. col.
71. — Les Ultras, 2 gr. col.
72. — Monseigneur de parchemin, dessin col.
73. — Dessin de C. Lecomte.
    La demande en mariage, du même, lith. col.

Louis-Philippe

74. — Caricatures sur les calicots et les St-Simoniens, 3 p. col.
75. — Les mœurs du siècle, etc., 4 lith. de Ratier dont 1 col.
76. — La course au clocher académique, etc., 6 lith. col., d'après
    Grandville.
77. — Ménage parisien, par Menut, lith. double col.
78. — Scènes des barricades, 9 lith.
79. — Caricatures satiriques réclames.
80. — Scènes de juillet 1830, 2 gr. col.
81. — Deux gravures militaires col., 1830-1831.
82. — Le désespoir du compositeur, all. sur la suppression des
    loteries, lith. col., P. M.
83. — Pasquinades, 1830. — Le sauveur de la France, 1831. —
    Décision diplomatique (annexion de la Belgique), lith.
    col. — Conjugaison du verbe sauver (Dupin).
84. — La colonne de juillet et le drapeau de la liberté, 2 lith. col.
85. — Les oies du frère Philippe, lith. col., par A. H.
86. — Le jugement dernier, lith. col., Bruxelles.
87. — La boutique des pantins (Ch. Ph.). — M. Mayeux, per-
    ruquier (ch. Année). — Le marchand de peaux de
    lapins (L. R.), 3 lith.
88. — Marche des Suisses. — Ah ! quel plaisir d'être soldat,
    2 lith. de Langlumé.
89. — L'apropos. — Quelle besogne. — Taches ineffaçables, 3 lith.
90. — Conspiration des cannes et des parapluies (rêve).
91. — Le colin-maillard, lith. de Granville, rare, etc.
92. — Un cabinet de curiosités à Paris, allégorie, lith. col.
93. — 22 caricatures diverses sur Louis-Philippe.
94. — Salon caricatural, 1843, 2 p.
95. — Question d'Orient, 1840, 2 p.
96. — Gravures et lithographies en couleur ayant trait au règne
    de Louis-Philippe, 7 p.

97. — Polignac et les événements de l'époque, 16 lith.
98. — Scènes parisiennes, 2 grandes lith.
99. — Conservatoire de danse moderne, par Quillenbois.
100. — 6 pièces relatives à la fin du règne de Louis-Philippe.
101. — 9 caricatures d'après Traviès, noir et coul.
102. — Industrie rouennaise. — Garde nationale d'Elbeuf, etc., 4 lith.
103. — Charlet (d'après), 2 lith.
104. — Aérostation, 5 p.
105. — Caricatures sur les jésuites, 11 p.
106. — 9 pièces sur la chute de Louis-Philippe.

PLANCHES LITHOGRAPHIQUES
EXTRAITES DU JOURNAL « LA CARICATURE »
(Nᵒˢ 107 à 159)

107. — ADAM. — Panorama, lith. (sujet à tiroir). — La poire et ses pépins, grande lith. col.
108. — A. B. — 3 scènes imitées de la Bible.
109. — A. B. — 8 pièces noir et coul. sur L.-P. (la poire).
110. — A. B. — 9 pièces, Louis-Philippe et la liberté, etc.
111. — A. C. — Assassinat de la liberté, 2 p.
112. — F. B. — Les gardes nationaux décorés, 1 p. col.
113. — H. BELLANGÉ. — 3 p., 1830-1831.
114. — BENJAMIN. — La scène. — Acquittement des journaux. — Festin de Balthazar. — Grandes manœuvres, 4 p., grand format.
115. — BENJAMIN. — Saltimbanques. — Quadruple alliance. — Louis-Philippe (Silène), etc., 6 p.
116. — DEVERIA. — On n'entre pas. — Soirée travestie, 2 p.
117. — A. DESPERET. — Le comte de Paris, 1830. — Général d'artillerie, 2 p.
118. — H. DAUMIER. — Ministres de Louis-Philippe, charges, 6 p.
119. —   —   La presse et la consultation, 2 p.
120. — H. D. (H. DAUMIER). — 5 p. sur Louis-Philippe.
121. — A. D. (DECAMP ?). — 8 p. sur Louis-Philippe et ses ministres.
122. — HENRY MONNIER. — Danse fantastique (dessin mis à l'index). — Un ami du peuple, 2 p.
123. — J.-J. GRANDVILLE. — 9 p. noir et coul.

124. — Grandville et Berge. — Grand enterrement du gros
    constitutionnel.

125. — Grandville et Desperet. — 5 caricatures en noir.

126. —   —   —   5 p., Louis-Philippe et la
    famille royale.

127. — Grandville et Forest. — 3 p. col., journaux et autres.

128. —   —   —   Louis-Philippe, restaurateur. —
    Budget, etc., 5 p.

129. —   —   —   Naissance du juste milieu, et
    charges sur le régime de Louis-Philippe, 12 p.

130. — Grandville et Julien. — Charges allégoriques, 3 p.

131. — Forest. — L'étalagiste (Louis-Philippe), 3 p.

132. — C.-J. Traviès. — Charges sur Louis-Philippe, 9 p.

133. —   —   13 pièces, caricatures sur des person-
    nages de l'époque.

134. —   —   5 p. allégoriques, grand format.

135. —   —   Ce qu'il y a de plus affreux sur la terre,
    gr. col.; et au verso : Ce qu'il y a de plus beau sur la
    terre, lith. par Deveria.

136. — Raffet. — 6 pièces relatives au sac de l'archevêché,
    Dupin, etc.

137. — Wattier, Pigal et autres. — 10 p. allégoriques et sur
    Louis-Philippe.

138. — Charges relatives à la liberté de la presse, 15 p.

139. — Allégories. — Etrennes au pouvoir et décorations, etc., 5 p.

140. — 8 pièces ayant trait à Louis-Philippe et à la charte.

141. — 2 pièces allégoriques et fantaisistes.

142. — M. Budget et Mlle Cassette, 1 p. col.

143. — Charges et grotesques (Louis-Philippe), 11 p.

144. — Le perroquet. — Le bonneteur (Louis-Philippe).

145. — Le grand conquérant, etc., 3 p.

146. — Saltimbanques, etc., 4 p.

147. — 6 pièces diverses sur Louis-Philippe.

148. — L'adoration du veau d'or, etc., 6 p.

149. — Exposition d'horticulture. — Echafaud, 2 p.

150. — Bals, 3 p.

151. — Monsieur Croupion. — Bugeaud, etc., 8 p.

152. — Charges sur Louis-Philippe, 7 p.

153. — 9 pièces diverses, allégories.

154. — La charge n'est-elle pas une vérité, 1 p., armoiries col.

155. — Grandville et Forest. — 8 grandes caric. en coul.
156. —   —   5 lith. n. et col.
157. — Traviès. — 3 p. en double.
158. — A. B., A. C., A. D., J. A., J. D., V. A. — 10 p. en double.
159. — 24 pièces en double, non signées.

Révolution de 1848
La Présidence
L'Empire. — La Commune

160. — Cham. — Actualités. — Proudhon, Pierre Leroux et Girardin, etc., 7 lith.
161. — Platier, Préval, Pruche, Ch. Vernier. — 5 lith.
162. — Grandes marionnettes politiques, lith. col.
163. — Ch. Jacque et autres. — 3 lith.
164. — Croquis et caricatures sur la Révolution de 1848. — Sorel, Charles Vernier, etc., 5 lith.
165. — Allégorie, 5 lith. col.
166. — Les prétendants et la nouvelle Chambre, 3 lith. d'après Cham et Rovaillac jeune.
167. — Mimodrame sur le commissaire de police, 2 p. de Perruche, à Rouen.
168. — Diplôme délivré aux volontaires de Rouen en 1848.
169. — Le grand chemin de la postérité, charge littéraire par Benjamin.
170. — Portrait de Louis-Napoléon. — Les trois neveux du grand homme (Levert).
171. — Les représentants représentés, 8 p. (H. Daumier).
172. — Pattin, Ch. Vernier. — 3 lith.
173. — Actualités, par Ch. Vernier, 41 lith. noir et coul., dont plusieurs revêtues du timbre national et 2 portant la mention « Modèle » manuscrite.
174. — 1 lith. angl. de World. — Miroir constitutionnel de Benjamin, etc.
175. — La charge, par A. Le Petit, journal du 13 janvier au 24 septembre 1870.
176. — Les cosaques pour rire, par Cham et Vernier, 9 numéros.
177. — Polichinelle (1870), 9 numéros.

178. — Carte d'Europe fantaisiste. — Complainte.

179. — Charges diverses sur la Commune.

180. — Binettes de la Commune, etc.

181. — Caricatures de la même époque.

182. — La grande crucifiée, par Courteaux. — Croquis républicain, par Patrioty.

183. — Les folies de la Commune, par Cham, 19 lith. col.

184. — Les hommes de la Commune, par A. Le Petit (publication complète arrêtée au n° 16).

185. — Marrons sculptés, 24 caric. sur les hommes de la fin de l'Empire.

186. — Types du jour, par G. B., gr. c. inc.

187. — Les silhouettes de 1871, par Moloch, 26 p.

188. — Placards relatifs au siège de Paris.

189. — Lettre de Vaughan sur la défense de Rouen. — L'Anti-Prussien, n° 12.

190. — Exemplaires du « Pilori » et de la « Calotte ».

191. — Charges sur Guillaume et Bismarck.

192. — Hommes politiques, charges et caricatures.

193. — Extraits de journaux satiriques concernant Jules Favre.

194. — Charges et caricatures sur M. Thiers.

195. — Un autre lot de charges sur M. Thiers.

196. — Badingoscope, par Moloch, 6 p.

197. — Charges sur Napoléon III, par A. Le Petit.

198. — Charges sur le même, par de Fronda.

199. — Charges sur Napoléon III, par Faustin.

200. — Caricatures sur Napoléon III, par Rosambeau.

201. — Un lot de caricatures et charges sur le même, par divers.

202. — Testaments de Napoléon III. — Paris-Désert, brochure sur Hausmann, imitée des lamentations de Jérémie.

203. — Pamphlets sur Napoléon III, chansons et complaintes.

204. — Charges sur l'impératrice Eugénie, par Faustin et A. Le Petit.

205. — Caricatures et Charges sur l'impératrice, par divers.

206. — Exemplaires de la *Caricature*, 1871 ; le *Lampion*, etc.

207. — Un lot de caricatures, 1870-71. — Extraits de journaux.

208. — Un lot d'extraits de journaux satiriques illustrés par Rosembeau, Klenck, Faustin, etc.

209. — Extraits de journaux-charges, par Faustin et Moloch.

210. — Actualités-charges extraites de journaux satiriques, par
      Klenck, de la Tremblais, Rosambeau, etc.

211. — Actualités-charges, par Corseaux et autres.

212. — Actualités, par Faustin, Moloch, Klenck, etc.

213. — La scène et le baiser de Judas, par Mathis. — Les dépu-
      tés de Paris, etc.

214. — Deux gravures en couleur. — Littérature et politique,
      par Robida et Gill.

215. — Les folies de la Commune, par Cham, 19 pl. dans leur
      carton.

216. — Fleurs et fruits, par A. Le Petit, 31 pl. dans leur carton.

217. — La ménagerie impériale, de H. Hadol, 31 pl. dans leur
      carton.

218. — Paris assiégé, par Draner, 31 pl. dans leur carton.

219. — Souvenir du siège de Paris, par Draner, inc.

220. — Paris assiégé, par Faustin. — La prise de Paris, inc.

221. — Paris avant et après le siège, de V. Coindre.

222. — Effets de miroir, silhouettes de la famille impériale.

223. — *Le Fils du Père Duchesne*, ill., n°° 1 à 10, du 1ᵉʳ floréal
      au 4 prairial an 79, 10 liv. en 1 vol. grand in-8°
      cart. bradel, n. rog., coll. comp. rare.

224. — Les châtiments, par Dupendant, 6 lith. noir.

225. — Musée des horreurs, portraits-charges par V. Lenepveu,
      51 num.

226. — Musée des patriotes, 1 à 4.

227. — Le musée des sires (gueulerie contempoiraine), 12 port.-
      charges, par Roubille.

228. — Le musée-homme, par Faustin, 13 exemp.

229. — Paris dans les caves, par Moloch, 1 à 24.

230. — Cadran politique de Guillaume, imp. Giély.

231. — Images et complaintes.

232. — Pilori phrénologique, inc., etc.

233. — Album de l'*Intransigeant*, 1894; charges sur l'aïeul
      (Casimir-Périer), 16 pl.

Images

234. — Images col. et complaintes.
235. — Journaux satiriques et complaintes, etc., fin Louis XVI.
236. — Pièces relatives à l'inauguration du monument de G. de Maupassant.
237. — Vieilles images de Picard-Guérin, à Caen.
238. — Images anciennes du xviiiᵉ siècle.
239. — Images d'Epinal et optiques.
240. — Images et optiques : batailles de Napoléon Iᵉʳ.
241. — Images d'Epinal : scènes de la vie de Napoléon Iᵉʳ.
242. — Epreuves de vignettes et fleurons (Duplat).
243. — Figures rouennaises.

Gravures et Dessins

244. — Les Saltimbanques. — Théâtre — Giraud 1899, 2 grandes lith.
245. — Portraits de la famille Royale et gravures sur la suppression du Parlement.
246. — 2 pièces relatives à l'innocence reconnue de Marie Salmon.
247. — Le duc de Berry, 3 p. n. et coul.
248. — Légende des Deux-Amants ; etc., 3 p.
249. — Cavalcade du Pape et du Grand-Turc, 12 gr. italiennes.
250. — Détails de la colonne d'Arcadius, empereur d'Orient et de ses bas-reliefs, xvii tabella.
251. — La Cathédrale de Rouen, par Terouais, eau-forte sur Hollande.
252. — Monuments de Rouen, 14 lith. de Langlumé, d'après Jolimont.
253. — Monuments rouennais, repr. de grav. anciennes.
254. — Projet d'un monument à Jeanne Darc et monument de Bonsecours, par Lisch, 2 p.
255. — 4 pièces normandes.
256. — 5 lith. d'après Bérat.
257. — 6 dessins, Bérat, Grandville, etc.
258. — Maisons d'Angers et Gaillon, 2 lith.
259. — Episodes de la Révolution, petites grav. sur bois.

259 B. — Episodes de la Révolution, 15 gr., Chardon à Paris.

260. — Portraits du 1ᵉʳ Empire, 24 gr. pub. Furne.

261. — 2 portraits, d'après Bertrand.

262. — Un lot de gravures diverses.

263. — Le Mont Sᵗ-Michel, 11 gr. et lith.

264. — Scènes de la Révolution de 1830, 3 gr. de Jazet et 1 lith. Bellangé, etc.

265. — Gravures — Louis XVI et la Révolution, de J. Anvril, Legrand, Niquet, etc.

266. — Biographie et translation des cendres du duc d'Orléans, 2 lith. d'après V. Adam.

267. — 81 gravures de Bernard sur l'Hist. de l'Angleterre.

268. — 22 portraits de généraux, gr. angl. col. sur parchemin.

269. — Projet de l'Hôtel de Ville. — Plan de Pont-Audemer à la main en 1742, — etc.

270. — 15 dessins, études de costumes militaires.

271. — Traviés, — artilleur de la garde nationale, dessin.

272. — Lavrate, 3 lith. — 1 dessin à la plume de X...

273. — J. Romain ? 3 dessins.

274. — 3 dessins à la plume — G. Doré, R. D...

275. — 4 dessins à la pointe sèche, de Charlet, — G. Taal, — Potier, 1830.

276. — Gravure col. sur parchemin : chasse au cerf.

277. — Gravure à la manière noire de Marlé.

278. — 8 lith. de Langlumé et autres.

279. — 3 optiques.

280. — Un grand album du XVIIIᵉ s. contenant 9 gr. col. et reliées, scènes de la Bible. — A Paris, chez Mondhare, rue Sᵗ-Jacques, près la fontaine Sᵗ-Sévérin.

281. — Un album renfermant des plans de Rouen ; monuments et costumes normands, caricatures et charges de types rouennais — à diviser.

Journaux

Journaux satiriques reliés :

Le *Journal pour Rire,* 1852-55.

Le *Sifflet,* 1872-77.

L'*Echo de Normandie* — La *Flèche* — Le *Perroquet* — Le *Pilori*
— La *Comédie politique.*

L'*Eclipse,* 1868-76, avec dessins interdits par la Censure.

Le *Grelot,* 1872-85.

Le *Monde.*

Pasquino et l'*l'omo di Pietra* (journaux italiens).

Revue comique Normande, 1883-86 (pub. havraise).

La *Cloche d'Argent,* 1882-93.

La *Lune,* 1865-68.

La *Petite Lune,* — dessins de Gill.

Le *Sans-Culotte,* 22 n^{os}.

Le *Rire,* 1895-1900.

Silhouettes de 1871, par Moloch.

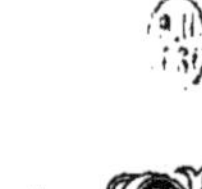

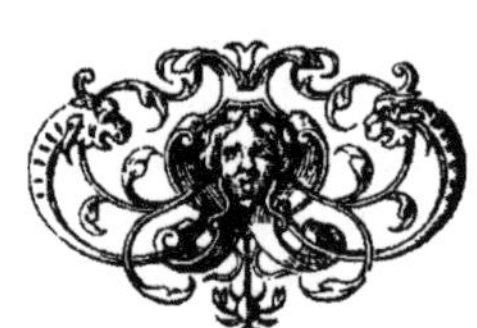

9 782329 522005